LE LIVRE DES MORTS

Une production TROIS-CONTINENTS
L'ensemble des documents publiés dans cet ouvrage
provient des archives appartenant à EDITA S.A.
Office du Livre, Compagnie du Livre d'Art, C.L.A.

© 2000 - TROIS-CONTINENTS pour tous pays et toutes langues.
Toute reproduction, même partielle, interdite sans autorisation expresse.
Droits de reproduction réservés aux organismes agréés ou ayants droit.
ISBN : 282-640195-0
EAN : 9782826401906

LE LIVRE DES MORTS

TROIS-CONTINENTS

L'ÉGYPTE, TERRE DES DIEUX

L'ÉGYPTE, TERRE DES DIEUX

PAGE DE GAUCHE:
TÊTE D'HORUS EN
OR MARTELÉ ET
OBSIDIENNE.
MUSÉE DU CAIRE.

CI-DESSOUS:
DEUX DIVINITÉS
DES NOMES
FAISANT DES
OFFRANDES.

Les cultes religieux apparurent dès 4 000 ans av. J.-C. On constate une confusion extrême et un manque évident d'unité dans la conception et dans la représentation des dieux. Dès la préhistoire, chaque localité fut représentée par une divinité particulière dont les plus importantes prirent le statut de dieux nomiques lors de la création des principautés régionales, les nomes. Ces nomes finirent par se regrouper pour former les deux royaumes de Haute et Basse-Egypte avec leurs dieux symboliques, respectivement Seth et Horus. A l'époque de l'unification du royaume, le pharaon Ménès réunit en sa personne les deux divinités royales, mais le nom d'Horus imposa bientôt sa prédominance sur Seth et sur tous les dieux locaux qui restèrent néanmoins les légitimes possesseurs du sol.

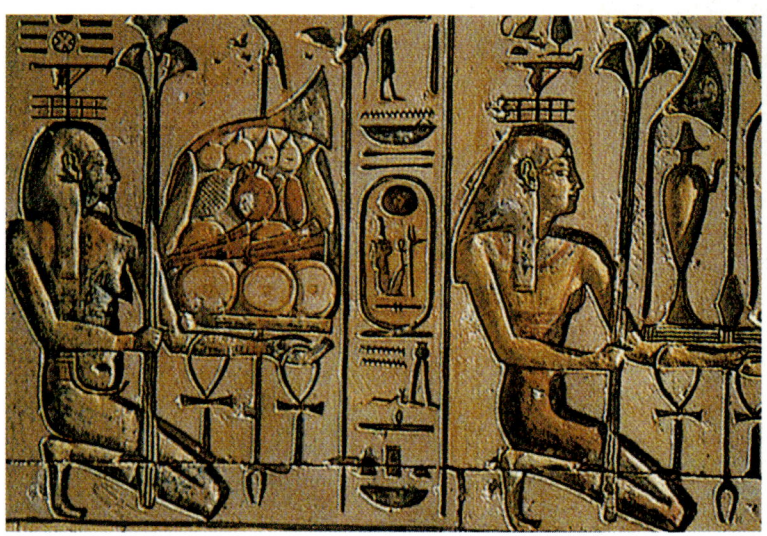

CI-DESSUS :
HORUS ET SETH
NOUANT LES
DEUX PLANTES
HÉRALDIQUES DE
LA HAUTE ET DE
LA BASSE-EGYPTE.
MUSÉE DU CAIRE.

PAGE DE DROITE :
DÉTAIL DU LIT
FUNÉRAIRE DE
TOUTÂNKHAMON
FIGURANT LA
DÉESSE HATHOR.
MUSÉE DU CAIRE.

Ce système d'assimilation des divinités entre elles resta l'une des principales caractéristiques du panthéon égyptien, mais elle fut une source infinie de confusion. Les dieux changèrent souvent de nom, de fonction et même d'apparence : certains eurent plusieurs noms et plusieurs apparences. La plupart sont pourtant relativement identifiables car ils conservèrent les traces de leur origine totémique lorsque l'animal symbolique d'une région illustrait une croyance religieuse.

Généralement la divinité possédait un corps humain et une tête animale, mais elle pouvait, comme Hathor conserver son corps de vache complet ou seulement les cornes fichées dans une coiffure. En dehors des dieux à tête animale, le culte des animaux eux-mêmes était un élément fondamental de la religion égyptienne. D'origine très ancienne et probablement sémitique, il trouva son expression dès la

CI-DESSUS:
OFFRANDE D'UN PECTORAL AU TAUREAU APIS. NÉCROPOLE DE KÔM EL-CHOUGAFA, ALEXANDRIE.

CI-CONTRE:
LE DIEU SÉRAPIS. NÉCROPOLE DE KÔM EL-CHOUGAFA, ALEXANDRIE.

PAGE DE DROITE:
LE PHARAON HOREMHEB PRIANT DEVANT HATHOR.

première dynastie dans la région du delta, très riche en gibiers divers. L'un des premiers animaux déifiés fut le taureau Apis de Memphis qui, au cours de l'histoire, fut identifié avec Rê, Osiris et Ptah, tous des dieux majeurs. A la Basse-Epoque, il fut récupéré pour créer le culte nouveau de Sérapis à destination des Grecs d'Egypte, mais il perdit son apparence d'origine pour devenir un personnage gréco-égyptien. Le chat était une divinité ancienne récupérée plus tardivement si l'on en juge par le grand nombre de momies datant de l'époque gréco-romaine.

PAGES SUIVANTES:
HATHOR EN TANT QUE DÉESSE DU SYCOMORE SUIVANT EPET, DÉESSE DES NAISSANCES CONSIDÉRÉE COMME LA MÈRE D'OSIRIS, À THÈBES. A GAUCHE : SOKARIS, LE DIEU DE LA NÉCROPOLE.

PAGE DE DROITE:
LE PHARAON PTOLÉMÉE V FAISANT DES OFFRANDES AU TAUREAU BOUCCHIS. MUSÉE DU CAIRE.

CI-CONTRE:
MOMIES DE CHAT ET DE CHIEN. MUSÉE DU LOUVRE, PARIS.

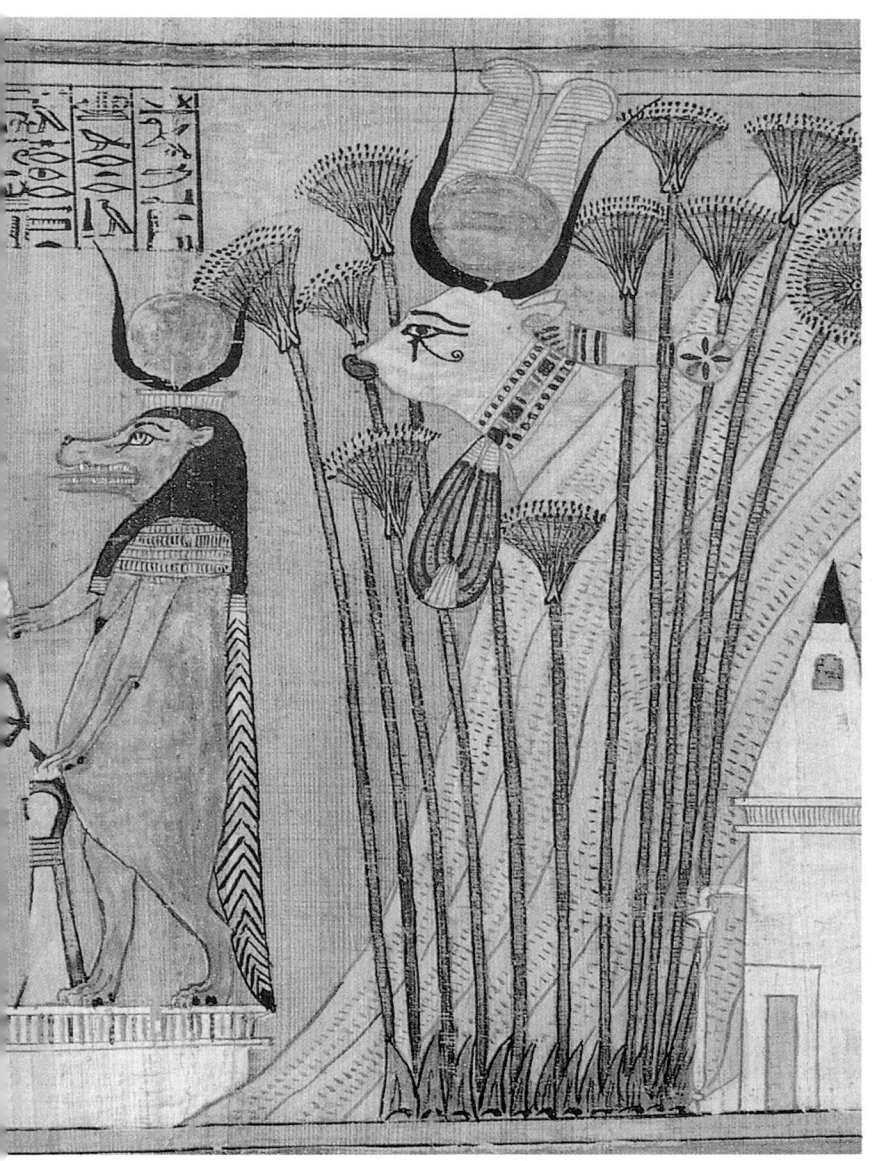

LES DIEUX DES MORTS

PAGE DE GAUCHE: ANUBIS EN LÉGIONNAIRE ROMAIN. NÉCROPOLE DE KÔM EL-CHOUGAFA, ALEXANDRIE.

CI-DESSOUS: NOUT SOUTENUE PAR CHOU AU-DESSUS DE GEB. MUSÉE DE LEYDE.

Parmi tous les dieux, un seul fut aussi important qu'Amon-Rê : ce fut Osiris, le dieu des morts. Héros de nombreuses légendes, il apporta aux hommes la culture et la façon de préparer le vin ainsi que l'industrie et l'art, secondé par son épouse Isis, comme lui fille de Nout et de Geb, par Thot, le scribe sacré, par Anubis, le dieu-chacal, et par Oupouaout, le dieu-loup. Mais Osiris avait un frère jaloux et violent, Seth, qui finit par le tuer et le couper en quatorze morceaux qu'il dispersa dans le pays. Isis partit à la recherche de son époux et put reconstituer le corps qu'Anubis momifia. Ayant pris l'aspect d'un milan, Isis utilisa ses dons de magicienne pour redonner la vie au dieu qui aussitôt la féconda, la rendant enceinte d'Horus. Ressuscité, Osiris devint

CI-DESSUS :
BARQUE MORTUAIRE REPRÉSENTÉE SUR LE SARCOPHAGE DE RAMSÈS III. MUSÉE DU LOUVRE, PARIS.

PAGE DE DROITE :
ISIS PLEURANT LA MORT D'OSIRIS. MUSÉE DU LOUVRE, PARIS.

roi dans le monde des morts, laissant la royauté sur terre à son fils. Isis *"allaite Horus dans la solitude"*, cachée dans le delta avec, pour compagne protectrice, la déesse cobra Ouadjet. Devenu suffisamment fort, Horus devint le vengeur de son père et revendiqua ses droits sur le trône contre Seth l'usurpateur. Cette interminable bataille mettait en scène les conflits entre la Haute et la Basse-Egypte des premiers temps historiques. Horus fut blessé à l'œil, mais il émascula son oncle ; heureusement Thot remit tout en place ! Finalement Horus obtint la victoire, fait confirmé par un tribunal divin qui jugea, pendant quatre-vingts ans, de la culpabilité de Seth puis de la valeur des prétentions d'Horus. Ce dernier fut confirmé dans son droit et Seth condamné. Horus, successeur de son père, devint le modèle de gouvernement des trente dynasties qui fera la longueur et la grandeur du royaume égyptien. En contrepartie de ses déboires, l'imprévisible Seth fut adopté par Rê comme son fils et on le vit alors sur la barque solaire tuant rituellement le serpent Apophis.

Osiris fut probablement à l'origine un dieu du neuvième nome nommé Andjti. Primitivement, c'était un dieu de la vie végétale incarnant la fécondation, puis le blé, dans sa succession infinie de trépas et de renaissances. Il évolua en absorbant d'autres divinités funéraires comme Sokaris à Memphis et Khentamentiou à Abydos. Son royaume devint alors les nécropoles, où il présidait aux destinées humaines, donnait la solution du problème de la mort et préparait le défunt à sa renaissance dans l'au-delà. Assisté de quarante-deux juges divins, il procédait au jugement des âmes alors qu'Anubis en assurait la pesée. Première de toutes les momies, Osiris portait aussi le nom d'Ounen-Néfer, *" Celui qui est perpétuellement beau"*, protégé de la putréfaction. Il était

PAGE DE DROITE:
OSIRIS, SUIVI DE ISIS ET DE NEPHTHYS ET PRÉCÉDÉ DES QUATRE FILS D'HORUS.

CI-DESSOUS:
ANUBIS OFFICIANT À LA PESÉE DE L'ÂME.

PAGE DE DROITE:
STATUE D'OSIRIS,
EN BOIS ET BRONZE.
MUSÉE DU LOUVRE,
PARIS.

CI-CONTRE:
LA DÉESSE OUADJET.
MUSÉE DU CAIRE.

CI-DESSOUS:
L'ŒIL MAGIQUE
OUDJAT SIGNIFIANT
" GUÉRI ".

CI-DESSUS:
PACHED AGENOUILLÉ SOUS L'ŒIL *OUDJAT* QUI PORTE DES CHANDELLES POUR LUI PERMETTRE DE MIEUX LIRE LES FORMULES MAGIQUES.

PAGE DE DROITE:
LES DÉESSES NEKHBET ET OUADJET REMETTANT LA DOUBLE COURONNE AU PHARAON.

PAGE DE GAUCHE :
HORUS ET SETH
COURONNANT
RAMSÈS III. MUSÉE
DU CAIRE.

CI-CONTRE :
SÉTHI 1ᵉʳ ET ISIS
LORS DE L'ÉRECTION
D'UN PILIER *DJED*.

présenté entouré de bandelettes, portant sur la tête une haute tiare ornée de deux plumes latérales. Sa peau était verte, couleur de la vie végétale, et il tenait en main le crochet et le fouet, instruments des pasteurs dont le pharaon avait fait les emblèmes du gouvernement. Dans certains endroits, comme à Djedou, son lieu d'origine, il était représenté sous la forme d'un lourd pilier, ou *djed*, que l'on érigeait lors des fêtes.

Anubis ou Inpou, *"Celui qui a la tête d'un chien sauvage"* était originaire du dix-septième nome occidental de Haute-Egypte. Depuis l'Ancien Empire, il était le dieu universel des funérailles après avoir assimilé les divinités funéraires Sokaris, Oupouaout, Khentamentiou, Ha et Amentit. Il dispensait aux morts l'offrande funéraire et demeurait le *"Seigneur des défunts"* jusqu'à la cinquième dynastie, époque à laquelle Osiris le supplanta. Il devint alors l'assistant d'Osiris dans les rites funéraires en veillant à la préservation des corps comme il l'avait fait en embaumant Osiris. Il vérifiait également, en compagnie d'Horus, l'exactitude du peson de la balance au moment de la pesée des âmes. Représenté sous la forme d'un chacal couché ou d'un dieu à tête de chacal, il passait parfois pour être le quatrième fils de Rê ou encore pour celui d'Osiris et de Nephthys.

PAGE DE DROITE: EXTRAIT DU LIVRE DES MORTS MONTRANT OSIRIS, ISIS, ANUBIS ET LE PILIER DJED.

CI-DESSOUS: LA PESÉE DU CŒUR, SOUS LE REGARD D'OSIRIS, AVEC ANUBIS ET THOT, SOUS LA FORME DU BABOUIN.

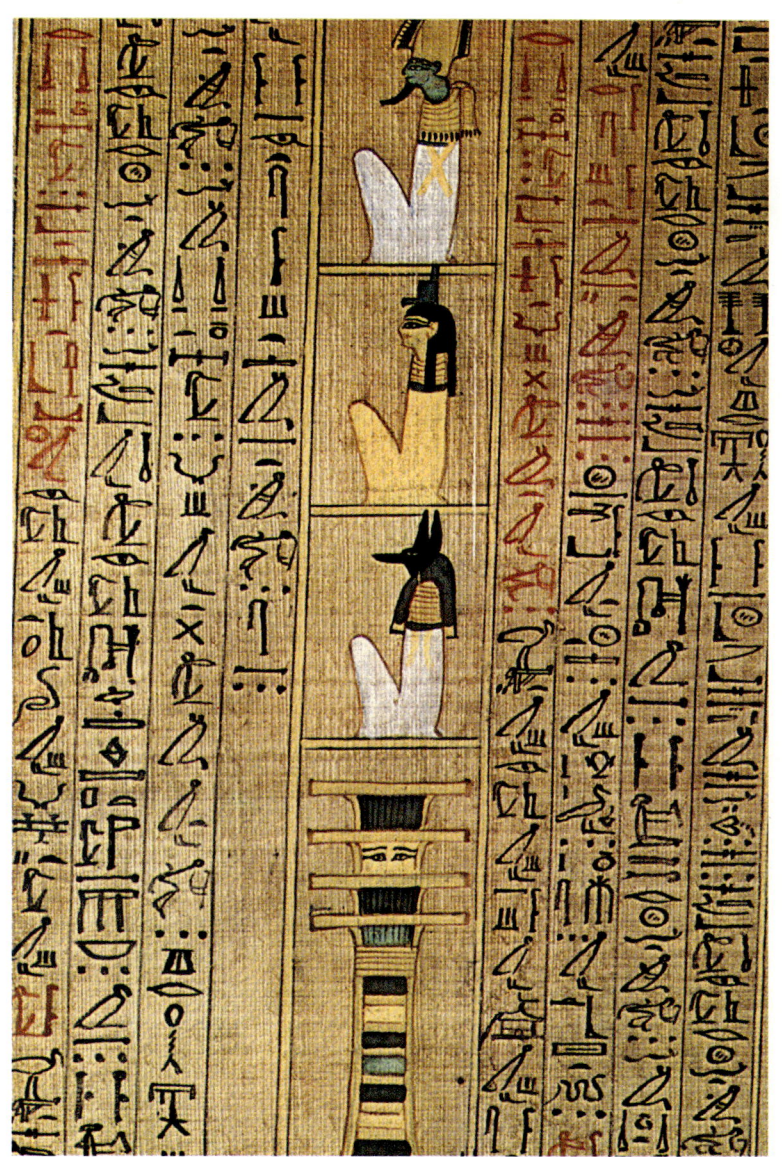

CI-CONTRE:
ANUBIS PRENANT SOIN DE LA MOMIE DE SENNEDJEM. TOMBE DE SENNEDJEM, DEIR EL-MÉDINEH.

CI-DESSOUS:
ANUBIS COUCHÉ PARTICIPANT AU CORTÈGE FUNÉRAIRE DU VIZIR RAMOSE.

PAGE DE GAUCHE : ANUBIS ET HATHOR. CHAPELLE D'ANUBIS, THÈBES.

CI-DESSUS : ANUBIS, EN ROMAIN, TENANT LE CADUCÉE. MUSÉE ÉGYPTIEN DU VATICAN.

PAGE DE GAUCHE:
ISIS ALLAITANT HORUS. MUSÉE DE VIENNE.

CI-CONTRE:
LE DIEU PTAH-SOKARIS FIGURÉ SOUS LA FORME D'UN FAUCON SUR LA BARQUE FUNÉRAIRE.

Oupouaout, ou Oupouat, était en fait un couple de dieux, compagnons de lutte d'Osiris, armés d'une massue et d'un arc, et précédant celui-ci au combat. Lorsqu'Anubis était représenté avec un corps de chacal, Oupouaout était *"Celui qui est couché sous son ventre"*. Sinon, c'était celui qui était représenté en chacal dressé sur ses pattes.

Sokaris était le dieu des morts à Memphis où il veillait plus particulièrement aux portes d'entrée du monde des morts. Il fut assez rapidement absorbé par Ptah pour devenir Ptah-Sokaris puis, après la victoire d'Osiris sur les dieux funéraires, il devint Ptah-Sokar-Osiris. Sokar étant le dieu des nécropoles, on le représentait sous la forme d'un homme momifié ou assis, à tête de faucon.

Khentamentiou était le *"Chef des Occidentaux"* de la région d'Abydos où il apparut avec une tête de chien. C'était le *"Guide des morts "* concurrencé par Anubis et ensuite absorbé dans la nature d'Osiris.

Isis et Nephthys jouaient un rôle très important dans le culte des morts en surveillant les cérémonies de momification, en tant que pleureuses et comme protectrices des morts, des rôles qu'elles jouaient dans la légende osirienne. Toutes les deux étaient des sœurs-épouses d'Osiris. Isis l'était de manière permanente et fut la mère d'Horus. Nephthys ne

CI-DESSUS:
KHONSOUMES OFFRANT L'ENCENS ET L'EAU À HORAKHTY, OSIRIS, ISIS ET NEPHTHYS. MUSÉE DU LOUVRE, PARIS.

CI-CONTRE:
OSIRIS, TENANT LES EMBLÈMES DU POUVOIR SACRÉ, ET ISIS.

PAGE DE GAUCHE:
ISIS ET NEPHTHYS HONORANT LE SOLEIL TENU PAR LE SYMBOLE *ANKH* POSÉ SUR UN PILIER *DJED*.

le fut que momentanément pour enfanter Anubis. Elle était la femme de Seth. Isis, qui fut à la Basse-Epoque regardée comme protectrice des navigateurs et comme l'équivalent égyptien de Déméter, était représentée sous l'aspect d'une femme portant sur la tête le hiéroglyphe de son nom qui signifiait "siège" et par extension "trône royal". Nephthys portait également le hiéroglyphe sur sa tête ; il représentait un plan de bâtiment surmonté d'une corbeille et signifiait *"La Maîtresse du château"*.

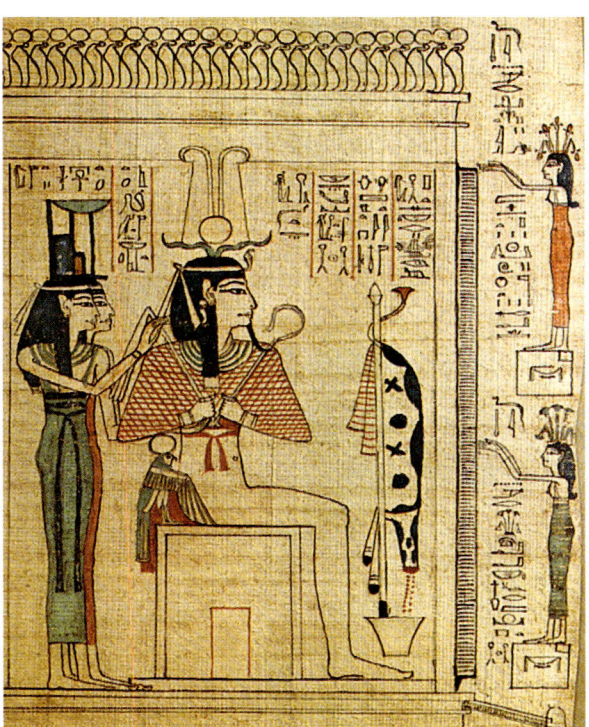

PAGE DE DROITE:
LA DÉESSE ISIS
PROTÉGEANT LE
PREMIER COFFRE À
CANOPES DE
TOUTÂNKHAMON.
MUSÉE DU CAIRE.

CI-CONTRE:
LA DIVINITÉ
PATH-SEKER-OSIRIS
AVEC ISIS
ET NEPHTHYS.

PAGES SUIVANTES:
ISIS ET NEPHTHYS
OFFICIANT POUR
PROTÉGER LE MORT.
TOMBE DE LA RUE
TIGRANE PACHA,
ALEXANDRIE.

41

LES RITES FUNÉRAIRES

LES RITES FUNÉRAIRES

PAGE DE GAUCHE:
ARTISANS TRAVAILLANT À LA DÉCORATION D'UNE TOMBE. TOMBE DE IPY, DEIR EL-MÉDINEH.

CI-DESSOUS:
MASTABAS DE FONCTIONNAIRES ROYAUX À SAQQARA.

D'une manière générale, les Egyptiens se souciaient plus de leur demeure mortuaire que de leur demeure de mortel, car contrairement à la seconde, la première devait être impérissable pour préserver le corps de la destruction et assurer au juste un repos mérité dans les Jardins de l'Immortalité.

Sous l'Ancien Empire, l'immortalité était un privilège réservé au seul pharaon en raison de sa filiation divine. Les autres hommes restaient donc en principe massivement exclus du bénéfice de la survie de l'âme, mais le pharaon avait besoin de compter sur ses hauts dignitaires et avoir la confiance des propres membres de sa famille. Pour les remercier, il leur fit cadeau d'une parcelle de son immortalité en leur accordant une concession funéraire sur le sol sacralisé par la présence de son tombeau.

Vers la fin de l'Ancien Empire, les maîtres de l'Egypte étaient les nomarques dirigeant les provinces. Les pharaons avaient perdu leur influence et même jusqu'au caractère symbolique de leur puissance. Leur déclin fut sensible également dans leurs sépultures : ils ne faisaient que partager le privilège de l'immortalité avec les princes et les courtisans appelés à l'entourer dans l'au-delà comme ils le faisaient durant leur vie terrestre. Bientôt, le peuple voulut lui aussi bénéficier de l'immortalité de l'âme en pratiquant pour leurs funérailles les rites et les procédés magiques autrefois réservés aux puissants.

CI-DESSUS :
REPRÉSENTATION DE L'INTENDANT ROYAL KYKY, SUIVI DE SON ÉPOUSE, RECEVANT L'EAU SACRÉE ET LES OFFRANDES.

PAGE PRÉCÉDENTE:
TOMBE DE SENNEFER, DITE " TOMBE DE LA VIGNE " À CAUSE DE SON DÉCOR PEINT.

CI-CONTRE:
LE *KA* DU PHARAON HOR.

PAGE DE DROITE:
AMULETTE EN FORME D'OISEAU FIGURANT LE *BA*, L'ÂME DU DÉFUNT.

UN CORPS, UNE ÂME ET UN DOUBLE

Les Egyptiens reconnaissaient à l'homme un corps, ou *djet*, une *âme*, ou *ba*, et un *ka*. Le *ba*, traduit souvent par le mot âme, concernait l'un des aspects de la personnalité ; il était associé à la divinité et à la puissance. les dieux avaient ainsi de nombreux *ba* et donc la possibilité de se manifester sous différentes formes. Le *ba* du défunt pouvait se déplacer librement dans le monde souterrain et revenir sur terre. Le *ka*, qui était une autre forme de la personnalité, était une sorte de double parfait du défunt et ne s'acquérait que dans le *ankh*, la "vie" après la mort. Le pharaon, représentant les dieux sur terre, possédait son ka dès la naissance. Les dieux avaient quatorze *ka* : puissance, force magique, force physique, gloire, richesse, santé, nourriture, noblesse, durée, satiété, vue, ouïe, connaissance, goût ; de plus, il existait un *ka* collectif pour tous les dieux. Pour que le mort pût revivre, il fallait que le prêtre pratiquât le rite de l'ouverture de la bouche ; son *ka* était ainsi animé et, pour ne pas mourir de nouveau et définitivement, il avait besoin de se nourrir comme sur terre, ce qui explique l'extrême importance des offrandes.

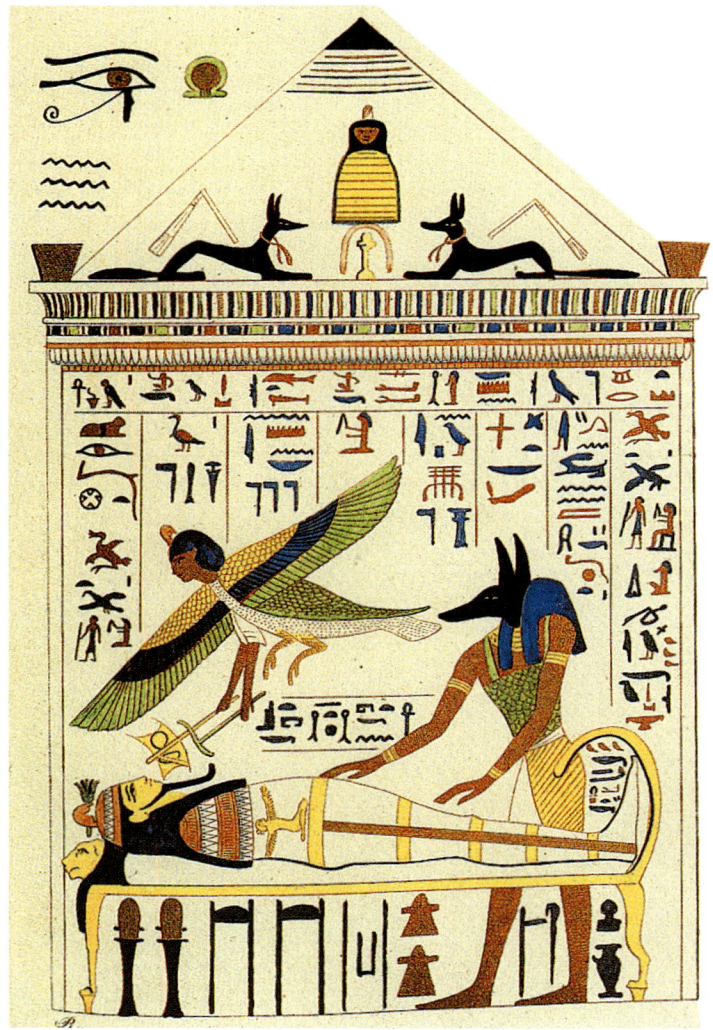

PAGE DE GAUCHE:
LE *BA*, SOUS LA FORME D'UN OISEAU, PRÉSENTE AU DÉFUNT UNE VOILE POUR LUI INSUFFLER LA VIE ET UN SCEPTRE, SYMBOLE DE PURETÉ.

CI-CONTRE:
UNE DES DEUX STATUES GRANDEUR NATURE FIGURANT LE *KA* DU PHARAON TOUTÂNKHAMON GARDANT L'ENTRÉE DE SA CHAMBRE FUNÉRAIRE. MUSÉE DU CAIRE.

LA MOMIFICATION

Avant de lui redonner la vie, on devait, à l'image d'Osiris embaumé par le dieu chacal Anubis, momifier le corps du défunt. Deux papyrus de la fin du Ier siècle décrivent le rituel de l'embaumement de plusieurs parties du corps et insistent sur les formules qu'il convenait de réciter lors de l'opération afin de garantir la réanimation de la partie du corps concernée. A cause du climat égyptien, il était urgent de remettre la dépouille mortelle aux embaumeurs et de choisir parmi les trois types de prestations consacrées par la loi religieuse. La plus coûteuse et la plus longue consistait à enlever le cerveau et tous les viscères à l'exception du cœur, l'organe interne le plus noble et qui devait être conservé pour garantir l'intégrité du corps dans sa survie et subir la "pesée de l'âme". Cerveau et viscères étaient préparés en quatre paquets pour être mis dans quatre vases, ou canopes, chacun protégé par l'un des quatre fils d'Horus associés à quatre divinités féminines. Hapi, à tête de babouin, s'occupait ainsi des poumons en association avec Nephthys ; Amset, à tête humaine, s'occupait du foi avec Isis ; Douamoutef, à tête de

PAGE DE GAUCHE:
LES QUATRE VASES CANOPES, CONTENANT LES VISCÈRES, À L'EFFIGIE DES QUATRE FILS D'HORUS.

CI-DESSOUS:
TABLE D'EMBAUMEMENT DE MEMPHIS OÙ L'ON MOMIFIAIT LES TAUREAUX SACRÉS.

CI-DESSOUS:
MOMIE DE
RAMSÈS II.
MUSÉE DU CAIRE.

*CI-DESSUS:
ANUBIS PROCÉDANT À L'OUVERTURE DE LA BOUCHE.*

chacal, s'occupait de l'estomac avec Neith ; Kébehsenouf, à tête de faucon, s'occupait des intestins avec Selkis. Le corps était ensuite lavé avec du vin de palme, desséché au natron et purifié avec des herbes aromatiques. Les viscères, après avoir suivi le même traitement, recevaient une application de résine fondue. Le corps était alors de nouveau trempé dans du natron, du carbonate naturel de sodium cristallisé, pendant soixante-dix jours. Après cette longue déshydratation, il était complètement nettoyé, bourré de toiles et de sacs imbibés de résines aromatiques, comme la myrrhe et le cinnamome, avant d'être recousu. Les yeux étaient bouchés à la cire d'abeille, comme la bouche, le nez et les oreilles. D'autres produits étaient encore utilisés comme la gomme arabique, la résine

CI-DESSUS:
LE SIGNE *OUDJAT* POSÉ SUR LE SIGNE *NEB*. DÉCOR D'UN BRACELET TROUVÉ SUR LA MOMIE DU PHARAON CHÉCHONQ II.

d'acacia, les baies de genévrier, le henné, l'huile de cèdre et le goudron. Le corps était alors paré : on l'ornait de colliers, de plaques pectorales et on disposait des amulettes sur toutes les parties du corps à protéger symboliquement. Finalement, une plaque d'or, sur laquelle était gravé l'œil *oudjat*, était fixée sur l'incision faite par l'embaumeur sur le flanc gauche.

L'ensemble du corps était enfin recouvert de bandelettes enduites de résine. La pose des bandelettes devait durer quinze jours ; il fallait préparer d'innombrables bandelettes de lin d'épaisseur et de largeur différentes, dont la longueur totale pouvait atteindre près de 4 800 mètres. Certaines étaient bordées de franges, comme celles des momies

CI-CONTRE:
MOMIES D'ENFANTS, PROVENANT DU FAYOUM. LES MASQUES MORTUAIRES SONT PEINTS À L'ENCAUSTIQUE SUR BOIS.

CI-DESSOUS:
MOMIE DE PACHÉRI.

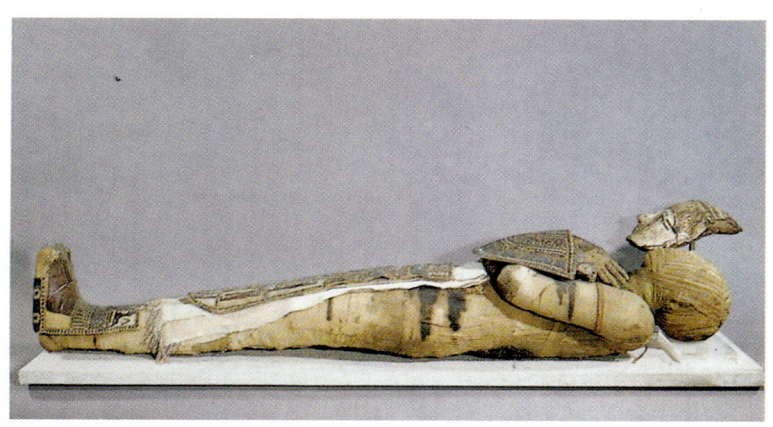

PAGES PRÉCÉDENTES:
CHAMBRE SÉPULCRALE DE RAMSÈS II.

CI-DESSUS:
COFFRE À CANOPES DU PHARAON TOUTÂNKHAMON. MUSÉE DU CAIRE.

CI-DESSUS:
COUVERCLE DE VASE CANOPE REPRÉSENTANT TOUTÂNKHAMON À LA PLACE DES FILS D'HORUS.

royales d'Aménophis III et de Thoutmosis III qui, de plus, étaient inscrites de textes hiéroglyphiques extraits des livres funéraires. On commençait par recouvrir le mort de toile grossière, les étoffes les plus fines servant à achever le travail. L'enveloppement de bandelettes achevé, on posait à nouveau sur la momie des amulettes, représentant notamment les quatre fils d'Horus, les déesses protectrices, Anubis et le scarabée ailé. Pour terminer, on parait la momie d'un masque qui recouvrait la tête et les épaules. Ces masques étaient en toile stuquée, en métal, ou pour certains pharaons, en or massif ; ils reproduisaient les traits du défunt.

Les Egyptiens n'embaumaient pas seulement les hommes. Des milliers de momies d'animaux ont été découvertes : quatre millions d'ibis dans le seul site de Saqqara, par exemple. Les momies des taureaux Apis étaient parées de bijoux somptueux et d'amulettes comme les pharaons.

PAGE DE DROITE:
LA DÉESSE SELKIS PROTÉGEANT LE COFFRE À CANOPES DE TOUTÂNKHAMON. MUSÉE DU CAIRE.

CI-DESSOUS:
PENDENTIF ROYAL EN FORME DE SCARABÉE. MUSÉE DU CAIRE.

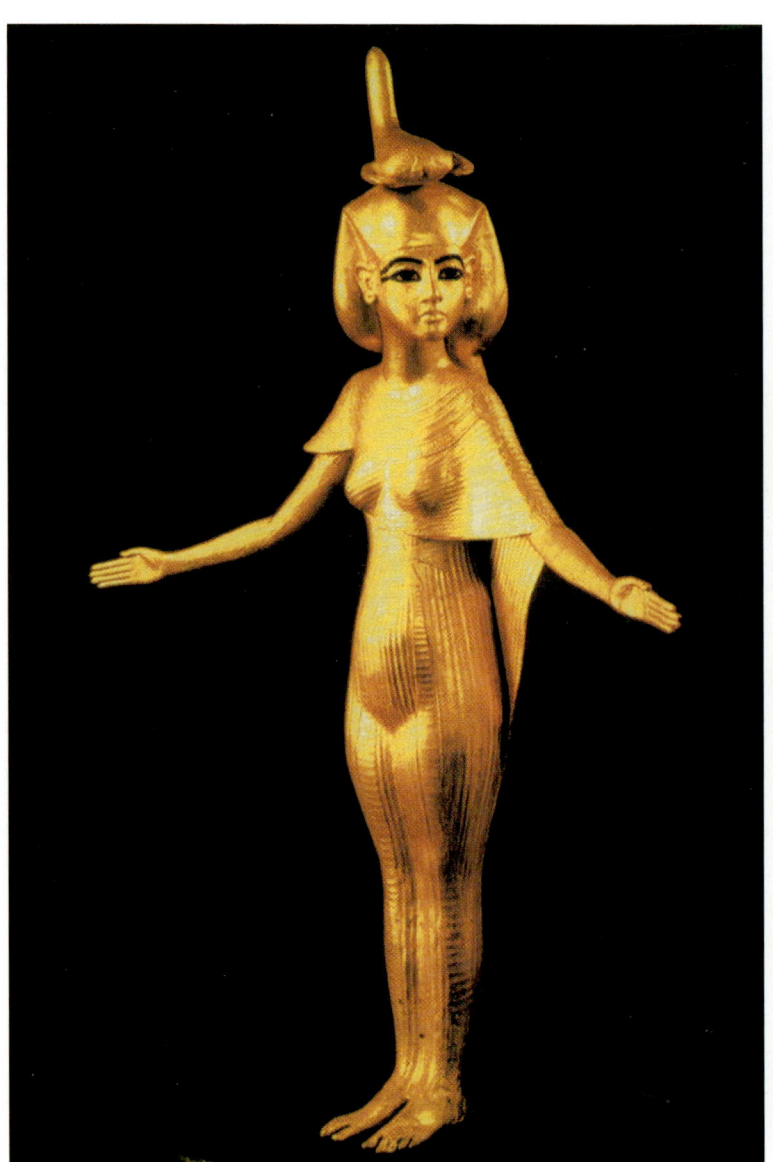

CI-DESSUS:
REVÊTEMENT
DE MOMIE EN OR,
PIERRE ET FAÏENCE.
MUSÉE DU CAIRE.

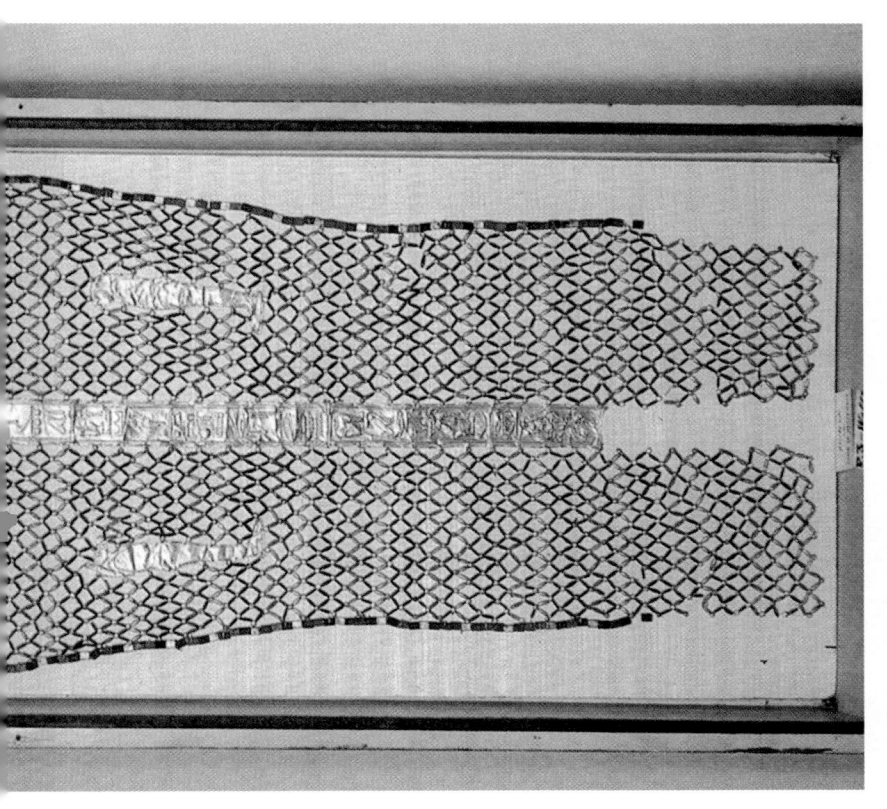

PAGE DE DROITE ET CI-CONTRE: ORNEMENTS FUNÉRAIRES POSÉS SUR LES MOMIES. MUSÉE DU CAIRE.

CI-DESSOUS: TROISIÈME SARCOPHAGE DE TOUTÂNKHAMON. MUSÉE DU CAIRE.

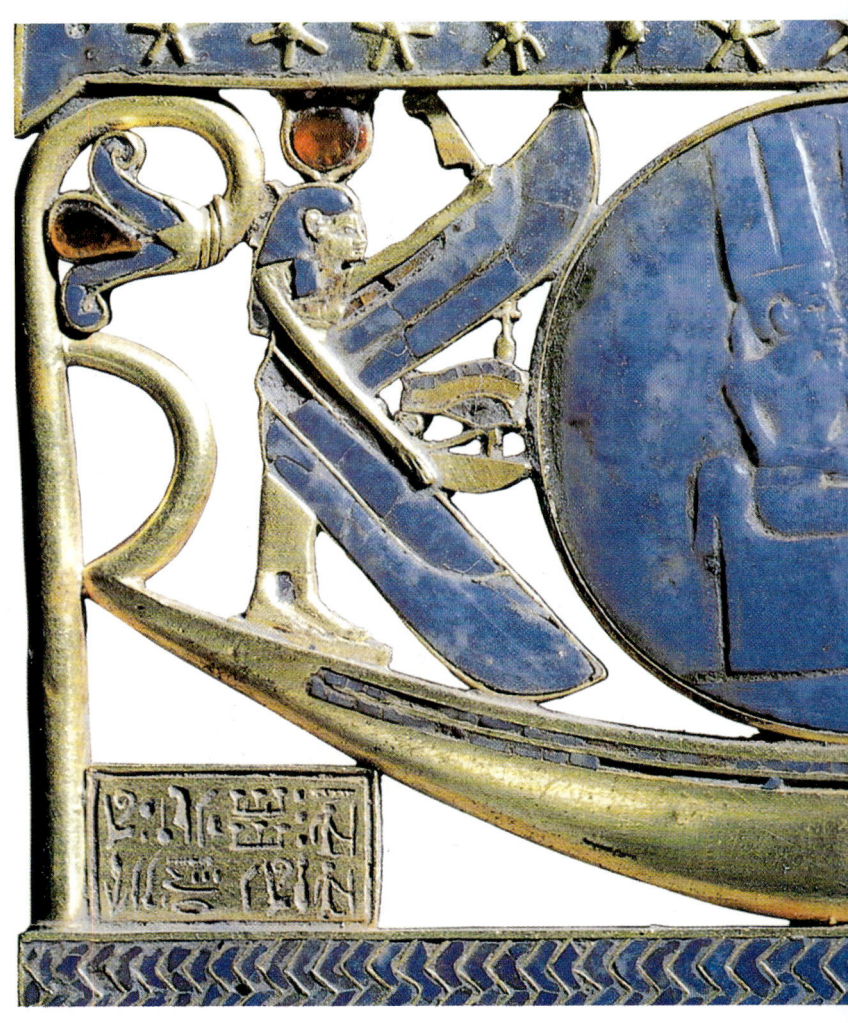

CI-DESSUS:
PECTORAL DE
CHÉCHONQ IER.
MUSÉE DU CAIRE.

CI-DESSUS:
MASQUE FUNÉRAIRE DE PSOUSENNÈS.

PAGE DE DROITE:
MASQUE FUNÉRAIRE DE TOUTÂNKHAMON.

LA MISE EN BIÈRE

Pendant la momification, la famille d'un défunt fortuné faisait façonner un cercueil, dont le couvercle représentait le visage du mort de manière réaliste. Les portes et les yeux étaient largement représentés : le défunt vivait dans son cercueil comme dans une maison et devait pouvoir le quitter, lorsque son *ka* voulait sortir dans le monde extérieur. Les yeux *oudjat* l'aidaient à voir tout ce qui lui était utile. Ces cercueils furent d'abord construits en toile ou en papyrus stuqués, puis ensuite en bois. Les pharaons du Nouvel Empire furent enterrés, comme Toutânkhamon, dans plusieurs cercueils emboîtés les uns dans les autres. Cette coutume connut une grande popularité de la XIXe à la XXIe dynastie et même les particuliers se firent enterrer de cette façon. A la même époque, l'intérieur du cercueil fut également décoré et représentait des scènes du monde souterrain, des représentations de dieux protecteurs et d'amulettes. Il existait aussi des sarcophages en pierre dure, le plus souvent en basalte

CI-DESSOUS :
CERCUEIL DE LA FILLE DU PHARAON TAHARQA.

CI-DESSUS: COUVERCLE DE CERCUEIL DE LA PRÊTRESSE MAÂKARÊ. MUSÉE DU CAIRE.

ou en granit. Il est évident que ces rites concernaient essentiellement les souverains, les hauts fonctionnaires, la classe dominante, donc riche. Le peuple se contentait de planches de bois, de nattes de sisal et de cuves en argile ; l'embaumement coûtant très cher, les pauvres étaient enterrés directement dans le sable sec du désert, qui conservait les corps, parfois même mieux que l'embaumement, en les desséchant naturellement.

CI-DESSOUS : TOMBE ET SARCOPHAGE DU PRINCE AMON-HER-KHEPCHEF, FILS DE RAMSÈS III.

CI-CONTRE, DE HAUT EN BAS: SARCOPHAGE DE AMÉNOPHIS II.

SARCOPHAGE D'UN GRAND FONCTIONNAIRE SOUS FORME DE MAISON. MUSÉE DU CAIRE.

LA PROCESSION FUNÉRAIRE

On enfermait dans le cercueil le corps qui allait ainsi demeurer plusieurs jours debout devant son tombeau. Pendant le trajet jusqu'à la sépulture, la famille se donnait en spectacle, sanglotant et soupirant de détresse. On embauchait même des pleureuses professionnelles qui ne cessaient de gémir, le visage enduit de boue, les vêtements déchirés, le sein découvert. Des serviteurs portaient la barque funéraire transportant le sarcophage jusqu'au Nil où le cortège prenait de vrais bateaux pour se diriger vers la nécropole. Débarqué, le cortège se reformait jusqu'au tombeau ; sur le chemin, il était accueilli par la déesse Hathor sous sa forme de vache. Le sarcophage était alors dressé devant la stèle tandis que le prêtre se préparait pour le rituel de "l'ouverture de la bouche".

PAGES PRÉCÉDENTES: TOMBE ET SARCOPHAGE DE TOUTÂNKHAMON.

CI-DESSOUS: BATEAU FUNÉRAIRE TRANSPORTANT LE CORPS JUSQU'À SA TOMBE.

CI-DESSUS ET CI-CONTRE:
PLEUREUSES ET CORTÈGE FUNÉRAIRE.

CI-DESSUS:
TRANSPORT
DU MOBILIER
FUNÉRAIRE,
TOMBE DE RAMOSE.

CI-CONTRE:
ANUBIS TENANT LA
MOMIE DE RAÏ.

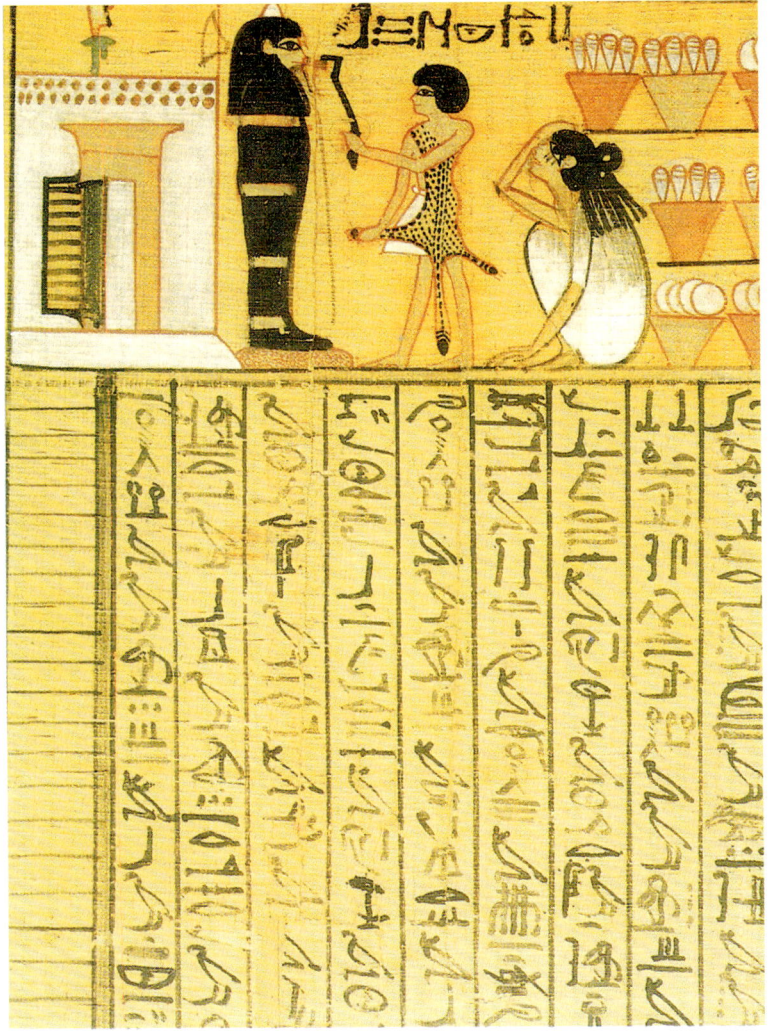

LES FUNÉRAILLES

Le rite de "l'ouverture de la bouche" était l'un des moments suprêmes des funérailles : c'était l'ultime cérémonie avant la descente du cercueil dans la tombe. Tandis qu'un prêtre, revêtu d'une peau de panthère, brûlait de l'encens et versait de l'eau lustrale sur les offrandes, deux autres prêtres s'apprêtaient à toucher les yeux, le nez et la bouche du défunt à l'aide d'une herminette. Ce rite magique était censé permettre au mort de recouvrer l'usage de ses sens, afin qu'il puisse continuer à vivre dans le tombeau grâce aux victuailles, au matériel et au mobilier que des serviteurs accumulaient dans le tombeau. Près du sarcophage étaient déposés les vases canopes, rangés dans un coffre. Le mobilier funéraire était généralement construit spécialement pour le tombeau, mais pouvait aussi provenir des biens personnels du défunt : des meubles, des lits, des coffres, sans oublier le char si le défunt était un militaire. Des serviteurs offraient des offrandes de fleurs, de gâteaux et des boîtes contenant les "hommes de remplacement" pour les travaux que le défunt devait effectuer dans l'au-delà, en particulier les travaux des champs. Aussi,

PAGES SUIVANTES:
OUVERTURE DE LA BOUCHE PAR ANUBIS.

PAGE DE GAUCHE:
OUVERTURE DE LA BOUCHE. LIVRE DES MORTS DE NEBQED, MUSÉE DU LOUVRE, PARIS.

CI-DESSOUS:
PORTEURS D'OFFRANDES.

CI-DESSUS:
STÈLE DE NERFERSÉFEKH FIGURANT L'ARRIVÉE DES OFFRANDES FUNÉRAIRES.

PAGE DE DROITE:
PORTEUSE D'OFFRANDES.

pour soustraire le mort à ces obligations, on avait imaginé ces "hommes de remplacement", les *oushebtis*, qui effectuaient les travaux les plus durs à sa place. A l'issue de cette cérémonie, le corps était descendu avec son mobilier et les offrandes dans le caveau dont l'entrée était alors muré.

Le tombeau étant la demeure du défunt, il devait pouvoir y "vivre". C'est pourquoi les offrandes étaient essentiellement des denrées qu'il incombait au fils aîné de déposer régulièrement après les funérailles dans des emplacements destinés à cet effet. Un prêtre funéraire, assisté par un prêtre-lecteur qui récitait les formules rituelles, pouvait se charger de cette tâche. Des aliments modelés dans l'argile ou sculptés dans la pierre pouvaient remplacer les denrées fraîches ; ils étaient alors rafraîchis avec de l'eau. Toutes sortes d'objets, récipients, serviteurs sous forme de figurines, maisons et barques miniatures, servaient de substituts et étaient ainsi à la disposition du défunt.

CI-DESSUS:
OUSHEBTI DES TOMBES DE TOUTÂNKHAMON ET DE SÉTHI 1ER.

PAGE DE DROITE:
SALLE DU TRÉSOR DU PHARAON TOUTÂNKHAMON. PHOTO DE HOWARD CARTER.

PAGE DE GAUCHE:
ATELIER DE TISSAGE PROVENANT DE LA TOMBE DE MEKETRÊ. MUSÉE DU CAIRE.

CI-DESSUS:
SCÈNE DE PÊCHE À LA SEINE PROVENANT DE LA TOMBE DE MEKETRÊ. MUSÉE DU CAIRE.

CI-DESSUS:
RECENSEMENT DU BÉTAIL PROVENANT DE LA TOMBE DE MEKETRÊ. MUSÉE DU CAIRE.

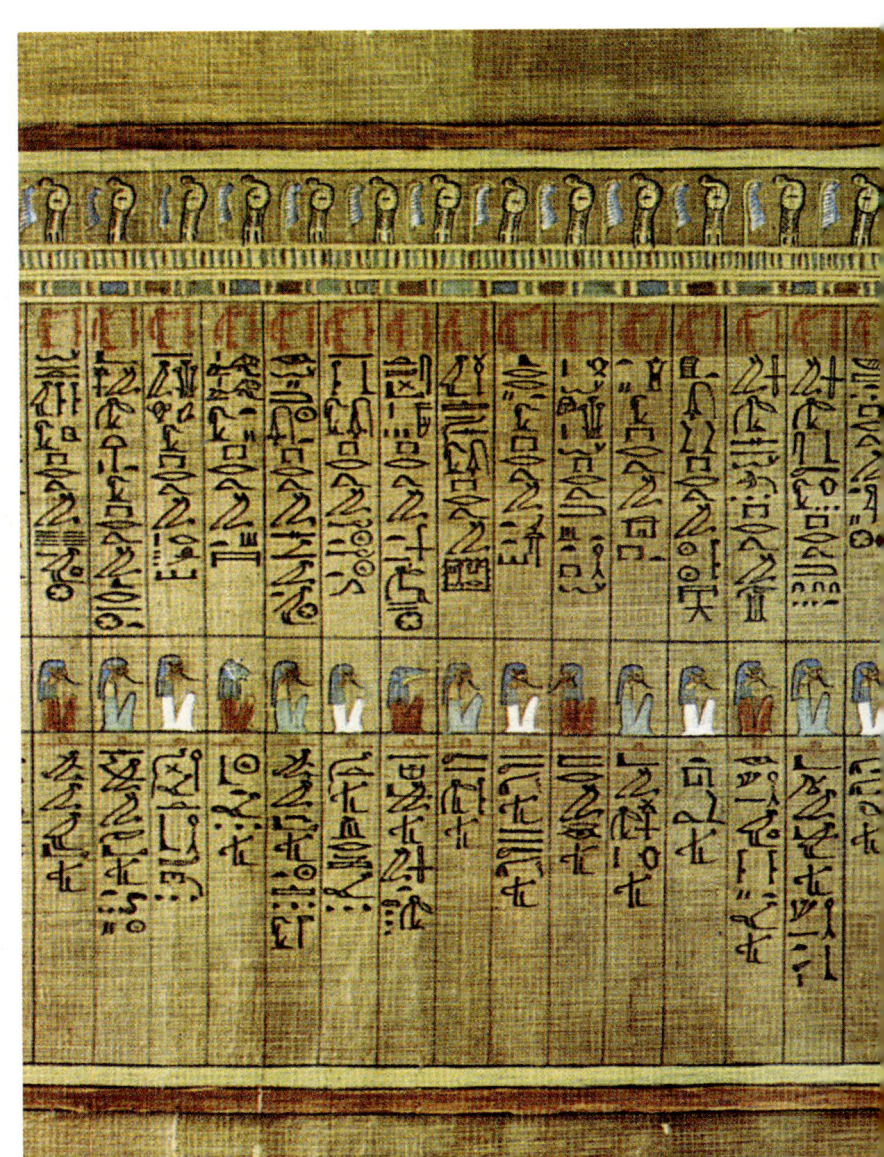

LE LIVRE DES MORTS

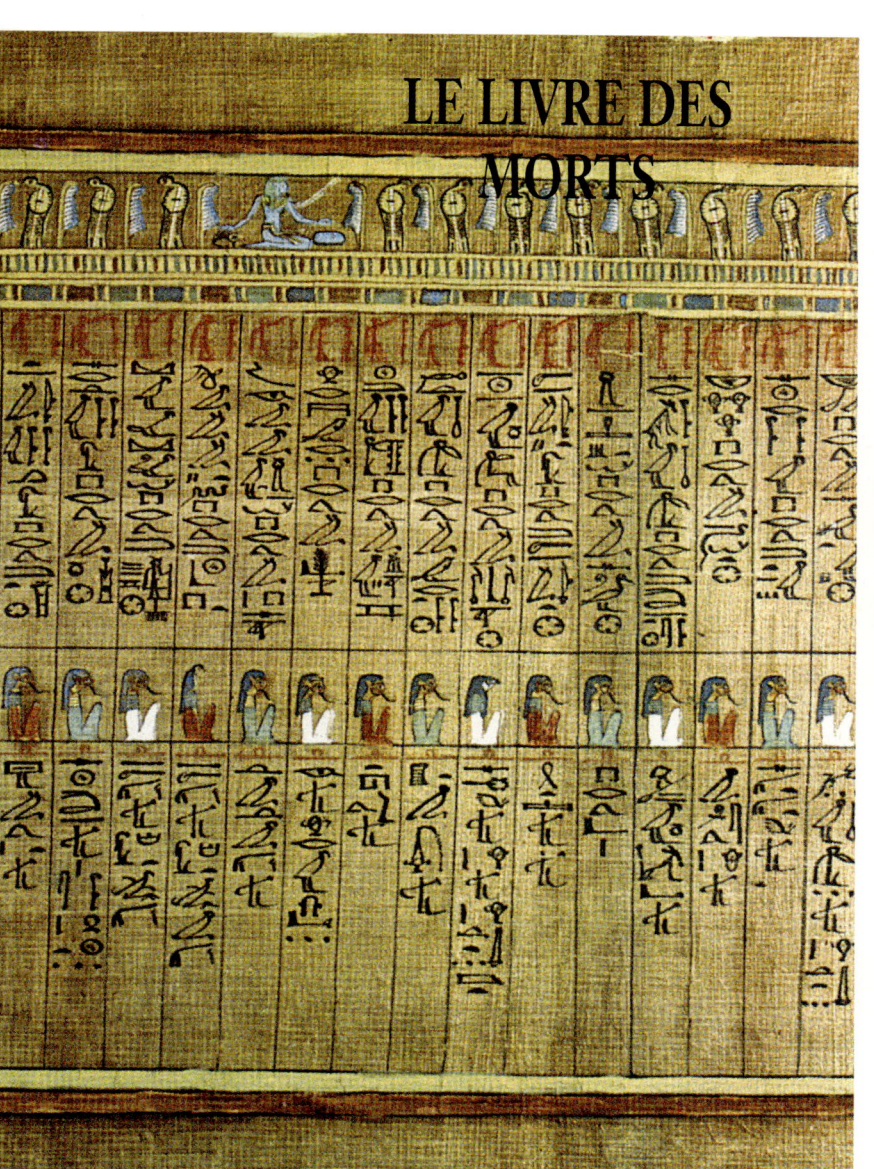

LE LIVRE DES MORTS

A partir de la Vᵉ dynastie, des formules furent gravées sur les parois des tombeaux royaux. Ces textes funéraires furent appelés *Textes des Pyramides*. Ce sont les témoignages les plus anciens que nous possédons sur les rites religieux des Egyptiens.

Sous le Moyen empire, ces textes, ainsi que d'autres, ne furent plus réservés au seul pharaon. Les particuliers les firent reproduire sur les parois des sarcophages en bois : ce furent les *Textes des Sarcophages*.

Sous le Nouvel Empire, la quantité de ces formules devint telle qu'il fut plus facile de les inscrire sur des rouleaux de papyrus qui étaient alors déposés dans le cercueil, sous ou sur la tête de la momie. Ces formules dépassaient le chiffre

PAGE DE GAUCHE:
TOMBEAU D'AMÉNOPHIS II DANS LA VALLÉE DES ROIS.

CI-CONTRE:
EXTRAIT DU LIVRE DES MORTS.

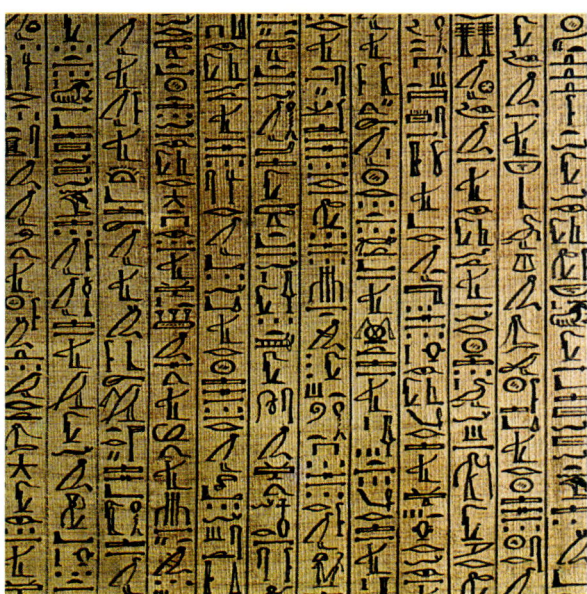

PAGE DE GAUCHE:
L'OMBRE DU DÉFUNT NAKHTAMON SORTANT DE SA TOMBE.

CI-DESSOUS:
LITANIE À OSIRIS PAR ANI ET THUTHU. LIVRE DES MORTS D'ANI.

de cent quatre-vingt-dix et la longueur des rouleaux atteignait vingt-cinq mètres. Ce recueil fut appelé, seulement au XIXe siècle, *Livre des Morts*, titre d'ailleurs impropre et ne correspondant pas au titre égyptien : *"Commencement des formules pour sortir au jour, des glorifications et des transformations, pour entrer et pour sortir du royaume des morts, qui doivent être dites le jour des funérailles de (nom du défunt) juste de voix qui(r)entre après être sorti"*. Sous la XXVIe dynastie, après maintes variations, le nombre des formules fut fixé à cent soixante-cinq, qui furent dès lors numérotées. Sous la trentième dynastie, certaines formules étaient inscrites sur de longues bandelettes de momie.

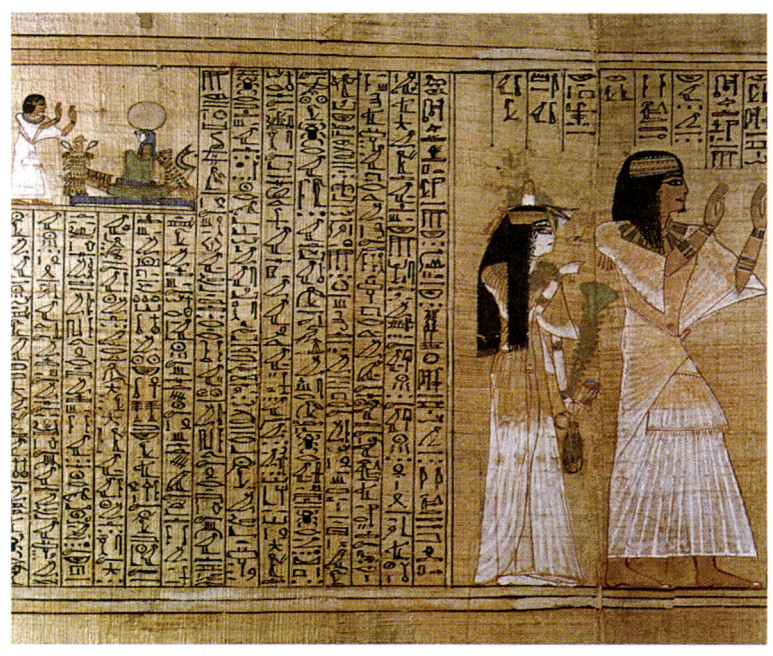

Le Livre des Morts des Egyptiens se présente donc comme un recueil d'invocations et d'incantations magiques composé de textes et d'illustrations. Les Livres des Morts étaient considérés comme des marchandises ; leur contenu, c'est-à-dire le nombre et la sélection des chapitres ainsi que la qualité de l'iconographie et la longueur du papyrus, dépendait du rang de l'acquéreur et du prix que celui-ci pouvait payer. Ils étaient copiés par des scribes professionnels qui soit personnalisaient l'ouvrage en insérant directement le nom et le titre de l'acheteur dans le texte soit laissaient de nombreux blancs pour inscrire ces indications lors d'un achat ultérieur.

Trois rouleaux de ces papyrus furent retrouvés en bon état : ce sont les papyrus d'Ani, d'Hunefer et d'Anhai, tous trois exécutés pour des dignitaires de Thèbes. Ce fut cet ensemble qui fut en fait communément appelé Livre des Morts. Le papyrus d'Ani (1420 av.J.-C.) a quelque vingt-quatre mètres de long et, lorsqu'il fut déroulé, il se trouvait dans un excellent état de conservation. Seuls les cinq premiers mètres furent directement inspirés par son bénéficiaire, le reste étant emprunté à un manuscrit déjà recopié à de nombreux exemplaires. Ani était un scribe royal, attaché au service des maîtres de Thèbes, commis à la comptabilité des revenus divins et directeur des greniers des seigneurs d'Abydos. Son épouse portait le titre de Dame de la Maison et *gemat* d'Amon-Rê : elle faisait partie des prêtresses nobles affectées à la

célébration des offices religieux, où elle chantait et jouait de divers instruments, dont le sistre avec lequel elle est chaque fois représentée.

Le papyrus d'Hunefer (environ 1310 av. J.-C.) ne mesure guère plus de cinq mètres cinquante de long et celui d'Hanai (environ 1100 av. J.-C.) un mètre de moins, mais il s'agirait de deux originaux. Hunefer occupait un poste de surveillant au palais de Séthi Ier, souverain d'Egypte vers 1310 av. J.-C. et assurait en même temps les fonctions de superintendant des scribes. Sa femme était, elle aussi, prêtresse et jouait également du sistre. Anhai était cantatrice au "collège" dédié au dieu Amon-Rê ; elle est représentée tenant comme les deux autres un sistre et portant un vêtement presque entièrement transparent.

Ces trois pièces furent achetées par le British Museum à des marchands égyptiens, le papyrus d'Hunefer en 1852, les deux autres en 1888.

PAGES PRÉCÉDENTES, DE HAUT EN BAS: HORUS ANNONÇANT À OSIRIS QU'ANI EST RECONNU VERTUEUX ET OFFRANDES DE CE DERNIER À OSIRIS.

PROCESSION FUNÉRAIRE D'ANI.

CI-DESSOUS: HUNEFER ET SA FEMME PRIANT LES DIEUX DE LA MORT.

CI-CONTRE:
ANUBIS CONDUISANT HUNEFER DANS LA SALLE DE LA VÉRITÉ.

CI-CONTRE:
ANHAI RÉCITANT UN HYMNE À RÊ-HARMAKHIS.

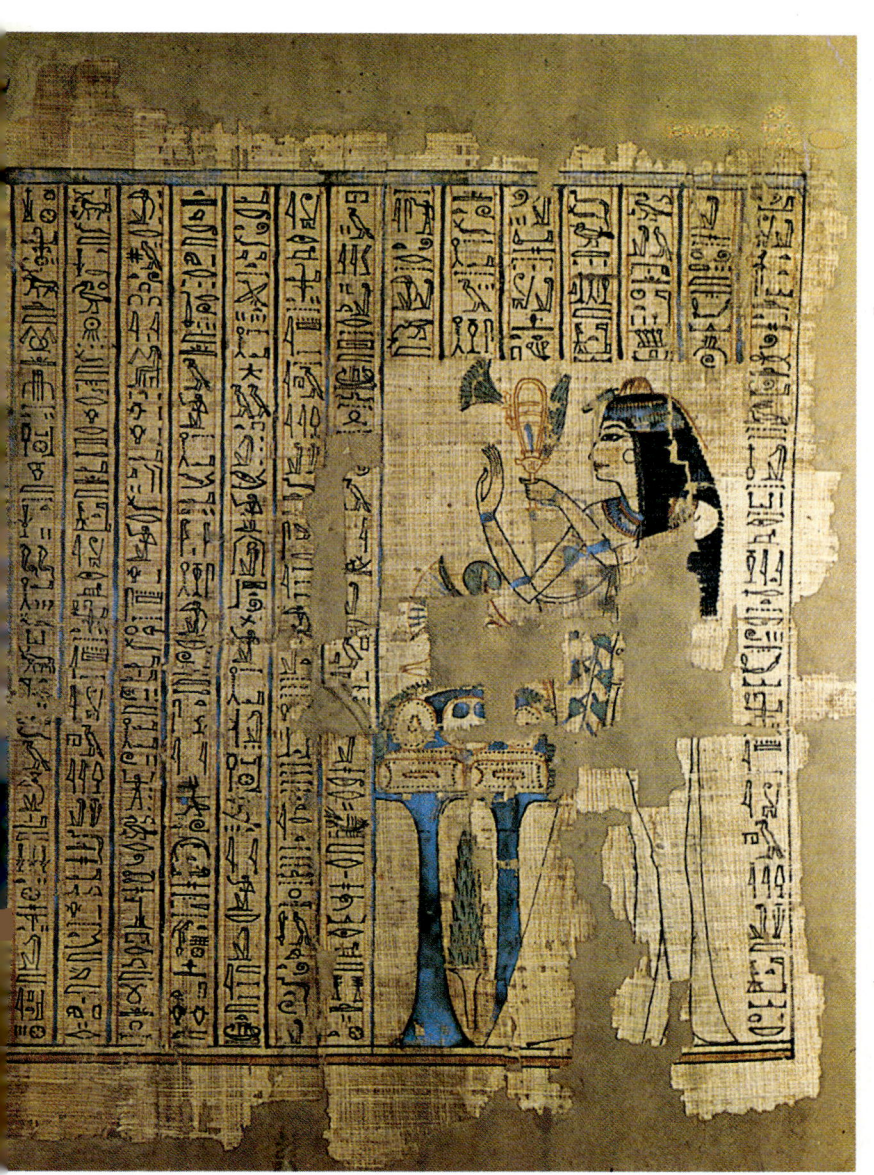

LES ÉPREUVES DANS L'AU-DELÀ

Les formules contenues dans Le Livre des Morts et placées dans le tombeau permettaient au défunt de triompher des dangers de l'au-delà. Pour survivre dans le ciel inférieur, le *ka* avait besoin de nourriture, mais aussi de protection. De nombreuses représentations de divinités, des amulettes et un petit pilier *djed* symbolisant Osiris, étaient placés dans le caveau à cette fin. Avant d'arriver au Jardin des Bienheureux, le *ka* devait affronter des êtres divins, des animaux surnaturels et des démons. Il devait utiliser toutes les connaissances magiques pour les repousser ; à cet effet il utilisait les formules du Livre des Morts. Il pouvait ainsi éloigner le serpent maléfique Apophis, reconnaître les Esprits, comme celui des eaux primordiales, afin d'arriver sans encombre au Lac Vert où Osiris fut purifié et lavé le jour de sa naissance. Le *ka* voyait

PAGE DE DROITE:
LE CHAT, SYMBOLE DE RÊ, COUPANT LA TÊTE DU SERPENT APOPHIS.

CI-DESSOUS:
LE DIEU APPELÉ LE GRAND LAC VERT ÉTENDANT LES MAINS SUR DES PRODUITS AYANT SERVI À PURIFIER OSIRIS LE JOUR DE SA NAISSANCE.

bientôt un chat se battant avec Apophis et finissant de décapiter celui-ci ; il devait alors comprendre que Rê venait de triompher des ténèbres. Il avait alors le droit d'invoquer le Soleil matinal et de demander assistance à la Déesse-cobra pour poursuivre son voyage. On lui demandait encore de citer les noms des gardiens qui veillaient sur les "Sept Châteaux" et les "Dix Portes" du monde souterrain. L'épreuve franchie, il se retrouvait devant Thot, qu'il suppliait de l'autoriser à réciter les formules de renaissance, et Anubis à qui il réclamait un nouveau cœur. C'était ensuite le moment de la lutte avec Apophis ; pour cela, il se transformait en faucon d'or, en serpent Sito, en dieu Ptah, en bélier, en héron, en lotus. Il pouvait enfin arriver dans la salle du jugement où se tenaient les quarante-deux Démons des Enfers.

PAGE DE DROITE, DE HAUT EN BAS: LE PASSAGE DES DIX PORTES DES ENFERS.

DIEUX DES ENFERS.

CI-DESSOUS: FORMULE POUR SE TRANSFORMER EN HÉRON.

109

LA PESÉE DE L'ÂME

Osiris était assis sur son trône devant Isis et Nephthys qui regardaient le *ka* avancer, tandis qu'Anubis vérifiait le peson de la balance. Thot se préparait à noter le résultat de la "pesée de l'âme", Horus jouait le rôle de l'assesseur. Maât s'avançait alors en tant que fille de Rê, invitait le *ka* à s'adresser à Osiris. Maât posait dès lors le cœur du suppliant sur un plateau de la balance et la plume de la Vérité sur l'autre plateau. Le *ka* énonçait toutes les mauvaises actions qu'il n'avait pas

PAGE DE DROITE:
ANHAI PASSANT LES DIX PORTES.

CI-DESSOUS:
PESÉE DE L'ÂME SUR UN COFFRE CONTENANT DES "HOMMES DE REMPLACEMENT".

111

commises. C'était la fameuse *"Protestation d'innocence"* ou *"Confession négative"*. Cette page fut très souvent choisie pour être insérée dans le papyrus du *"Livre des Morts"*. On la trouve dans ceux d'Ani et Hunefer :

"Ici je suis et je suis venu vers toi ; je t'apporte le Bien et j'ai arrêté le Mal.

Je ne suis pas méchant envers les hommes.

Je ne suis pas celui qui tue ses parents.

Je ne suis pas celui qui dit des mensonges au lieu de la vérité.

Je n'ai pas conscience d'avoir trahi.

Je ne fais point tort à autrui.

Je ne suis pas de ceux qui exigent chaque jour des autres plus de travail que ceux-ci ne peuvent en faire.

Je ne souffle pas mon nom à l'Arche de Dieu parce qu'Il est au Gouvernail.

Je ne pêche pas contre le dieu.

Je ne suis pas un rapporteur.

Je ne suis pas un détracteur.

Je ne fais pas ce que les dieux ont en horreur.

Je ne blesse nul serviteur en même temps que son maître.

Je ne cause pas de famine.

Je ne fais pleurer personne.

Je ne suis pas un meurtrier.

Je ne commande point de meurtre.

Je ne fais pas souffrir les hommes.

Je ne diminue pas mes offrandes aux temples.

Je n'ampute point les gâteaux des dieux.

Je ne vole pas la nourriture des morts.

Je ne commets point l'adultère.

Je suis pur dans le Sanctuaire du dieu de mon domaine.

Je ne prends ni n'ajoute rien aux mesures de grain.

Je ne suis pas celui qui raccourcit la longueur du palmier.

Je ne suis pas celui qui trompe autrui sur la taille du champ.

PAGE DE DROITE :
LA PROTESTATION D'INNOCENCE DEVANT THOT, UN DIEU À TÊTE DE FAUCON ET LA DÉESSE DE LA VÉRITÉ, MAÀT.

CI-DESSOUS :
UN DIEU DE L'UNE DES DIX PORTES REPRÉSENTÉ LE VISAGE VU DE FACE CE QUI EST TRÈS RARE.

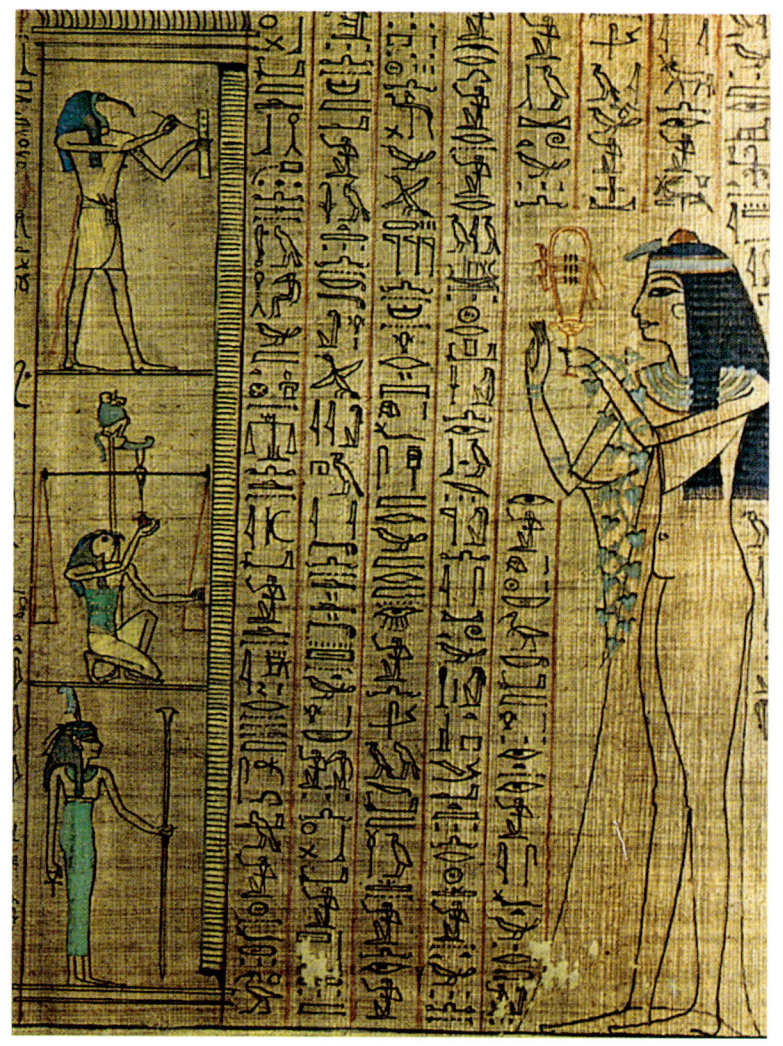

Je n'appuie pas sur le fléau de la balance.
Je ne touche pas à l'aiguille de la balance.
Je n'ôte pas le lait de la bouche des petits enfants.
Je ne conduis pas le bétail hors de ses pâtures.
Je ne capture pas les oiseaux des manoirs des dieux au filet.
Je n'attrape pas le poisson de leurs lacs.
Je n'arrête pas l'eau tant qu'elle doit couler.
Je ne dévie pas le cours d'un bras de la rivière.
Je n'éteins pas la lampe tant qu'elle doit éclairer.
Je ne frustre pas la lampe tant qu'elle doit éclairer.
Je ne frustre pas le Cercle divin de ses joints sacrificatoires.
Je n'emmène pas le bétail de la terre sacrée.
Je n'arrête pas un dieu quand il avance.
Je suis pur, je suis pur, je suis pur, je suis pur.
(Cette traduction est de Bernard Soulié dans *Le Livre des Morts*).

PAGES SUIVANTES :
LES JARDINS D'IALOU OU CHAMPS DES BIENHEUREUX OÙ VA LE DÉFUNT APRÈS SON JUGEMENT.

PAGE DE GAUCHE :
UNE PARTIE DES 42 DIEUX DES ENFERS.

CI-DESSOUS :
LA GRANDE DÉVOREUSE BABAÏ ATTENDANT LE RÉSULTAT DE LA PESÉE DE L'ÂME ENREGISTRÉE PAR THOT.

Si la balance penchait du côté du cœur, Babaï, la Grande Dévoreuse à corps d'hippopotame, pattes de panthère et tête de crocodile, l'engloutissait aussitôt ; dans le cas contraire, le monstre retournait se coucher, mais l'épreuve n'était pas terminée pour autant. Le *ka* devait appeler chacun des démons présents par son nom et réciter à nouveau les fautes qu'il n'avait pas commises. S'il se trompait, le démon le dévorait immédiatement. Cette dernière épreuve réussie, il était autorisé à aller implorer Osiris pour obtenir de lui la permission de se diriger vers le séjour bienheureux, non sans avoir prononcé le nom secret du seuil et désigné par leur nom chaque boiserie de la porte.

Il arrivait enfin dans les jardins d'Ialou où il retrouvait le monde d'avant, ses habitudes, son métier, mais sans les contraintes matérielles et mesquines du monde des vivants puisqu'il était désormais aidé dans toutes ses tâches par des "hommes de remplacement" toujours disponibles et inépuisables.

Le pharaon, lui, avait encore plus de pouvoir puisqu'il était invité par Rê lui-même à voyager dans la barque solaire. Pour monter au ciel, il se transformer alors en animal volant, faucon, héron ou sauterelle.

LES DEMEURES D'ÉTERNITÉ

LES DEMEURES D'ÉTERNITÉ

LA VIE DANS LA MORT

A l'origine, la tombe était censée être la reproduction symbolique de la maison puisque le défunt devait continuer à "vivre" après la mort. A partir du Moyen Empire, l'idée de la "maison d'éternité" s'ajouta à ce concept. Le caveau et ses antichambres devenaient la représentation du monde de l'Au-delà et, à travers l'image et le texte, le legs à la postérité de ce que le mort avait fait sur terre. Les tombes de la Vallée des Rois sont suffisamment bien conservées pour que leurs peintures nous renseignent sur la vie avant et après la mort. En effet, l'une des parties des murs des chambres était consacrée à retracer les scènes de vie quotidienne d'avant la mort tandis que l'autre concernait l'enterrement et le séjour dans l'au-delà. De plus, les nombreux objets entassés dans les antichambres nous informent sur les métiers de l'époque. Outre les oushebtis, des artisans avec leurs outils et leurs ateliers pouvaient être figurés en réduction ; ils étaient disposés là aussi pour habiller, nourrir et abreuver le défunt : tisserands, paysans, éleveurs, brasseurs. Des compagnies entières de soldats étaient même sur le pied de guerre dans les tombes de certains généraux.

PAGE DE GAUCHE:
INVITÉ ASSISTANT AU BANQUET FUNÉRAIRE DU VIZIR RAMOSE.

CI-DESSOUS:
LA VALLÉE DES ROIS, PAR DAVID ROBERTS, 1838.

Comme les dieux dans leurs temples, le mort possédait un naos, ou reliquaire, pour sa statue et une ou plusieurs représentations de barques sacrées, rappel des reliquaires dans lesquels les dieux étaient transportées lors des processions. Le naos du pharaon était évidemment richement travaillé comme le sarcophage qui contenait sa momie. Généralement un naos de bois était placé dans un naos monolithique en pierre dure.

Le tombeau égyptien se composait de deux éléments fondamentaux : le sarcophage et sa stèle. Cette dernière indiquait son identité et ses titres. Elle figurait le défunt assis seul devant une table d'offrandes et plus tardivement entouré de dieux. Dans les temps plus anciens, la stèle représentait la liste des biens nécessaires à emmener dans l'au-delà. A la différence du sarcophage, la stèle, équivalent de la pierre tombale occidentale, était accessible au public. C'est devant elle que l'on déposait les offrandes. La pièce était richement décorée de peintures vives qui rappelaient à tous la vie exemplaire du mort.

PAGE DE DROITE:
PETIT NAOS EN BOIS DORÉ DE TOUTÂNKHAMON. MUSÉE DU CAIRE.

CI-DESSOUS:
STÈLE FUNÉRAIRE D'AMENEMHAT ET DE IYI REPRÉSENTANT LEUR BRU FAISANT DES OFFRANDES TANDIS QUE SON MARI SIÈGE ENTRE SES PARENTS.

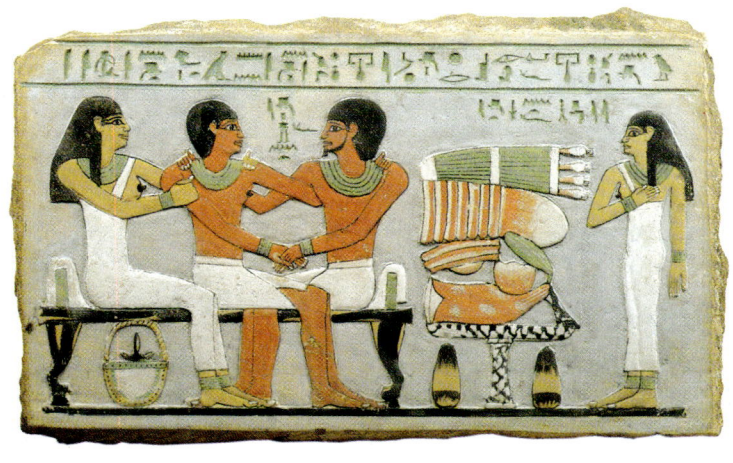

LES MASTABAS

Le culte des morts était lié au tombeau, mais si les pharaons et les dignitaires pouvaient se faire construire d'immenses tombes, la grande majorité des Egyptiens était enterrée dans des caveaux communs et, pour les plus indigents d'entre eux, dans de simples trous dans le désert.

Pendant la période prédynastique, les tombes n'étaient que des fosses ovales ou rectangulaires, dans lesquelles on disposait le corps du défunt couché sur le flanc, les jambes et les bras repliés. Le corps était accompagné de bijoux, d'armes, d'objets personnels et de récipients contenant de la nourriture et des boissons. Ces fosses étaient dissimulées dans de simples tertres de sable, parfois renforcés par des appentis de bois, mais ces premières sépultures ne résistaient que peu de temps aux éléments naturels et aux vandales. Aussi les rois et les nobles des premières dynasties firent-ils recouvrir le monticule par un empilement de briques crues ou de pierres taillées qui prit la forme d'un "banc" appelé plus tard "mastaba", aux parois latérales légèrement inclinées.

C'est à Giza et Saqqara que se trouvent les mastabas les plus importants. L'un d'entre eux, datant du règne du roi

PAGE DE DROITE: DÉTAIL DE LA FAUSSE PORTE DE LA CHAPELLE FUNÉRAIRE DE NIKAOURÉ ET D'IHAT.

CI-DESSOUS: MASTABA DU PHARAON CHEPSEKAF À SAQQARA.

Ouadji, mesure 56,45 mètres sur 25,45 mètres. Historiquement, le plus ancien mastaba de Saqqara est considéré comme celui du roi Aha, le fils de Narmer qui ne serait autre, selon d'autres sources, que le roi Ménès, le premier souverain de la première dynastie égyptienne. Les mastabas de ces deux grandes nécropoles sont constitués de deux parties indépendantes, la chambre funéraire et la chapelle. Le caveau était aménagé à l'extrémité d'un puits, comblé après l'enterrement, et abritait le sarcophage, le matériel funéraire, les objets familiers du défunt et les offrandes d'accompagnement.

Au début, la chapelle était adossée à la façade est de la tombe et comportait la table d'offrandes, mais à partir de la IIIe dynastie, elle fut intégrée dans la masse du mastaba et précédait la salle de la statue, le *serdab*. Un trou était percé dans le mur pour permettre aux odeurs d'encens de passer dans le *serdab* et réjouir ainsi le *ka* du défunt habitant sa statue.

A cette époque, l'intérieur du mastaba comprenait diverses salles pour les offrandes. Toutes ces salles avaient leurs murs sculptés de reliefs en creux ou ornés de gravures de couleur ou encore de peintures représentant la vie quotidienne du défunt. A l'extérieur, les mastabas imitaient le plus souvent des constructions de clayonnage de bois, recouvert d'argile, de nattes de jonc et de papyrus, rappelant l'habitat de la vie quotidienne ; le plâtre qui recouvrait ces façades était peint

entièrement pour figurer ces matériaux naturels. A la fin de la première dynastie, cette façade à panneaux peints fut réduite à deux niches sur la face orientale ; celle située dans l'angle sud-est devint le lieu de célébration du culte funéraire.

Entre 2630 et 1645 av. J.-C., les pharaons se firent construire des tombeaux en forme de pyramides, le plus souvent entourés par les mastabas de leurs courtisans. On connaît ainsi au moins quinze pyramides royales à Saqqara, la plupart d'entre elles ayant perdu leur forme originelle.

CI-DESSUS: FAUSSE PORTE DE LA CHAPELLE FUNÉRAIRE DE NIKAOURÉ ET D'IHAT.

LES PYRAMIDES À DEGRÉS

Le type le plus ancien de ces grands tombeaux est celui de la pyramide à degrés, conçu par l'architecte Imhotep pour le pharaon Djéser. Cette construction de la nécropole de Saqqara mesure 62 mètres de hauteur et n'est en fait qu'une superposition de six mastabas de plus en plus petits, surmontant un ensemble de galeries et de chambres funéraires souterraines. La pyramide figurait sans doute l'escalier que les *Textes des Pyramides* demandaient que l'on dressât afin de faciliter l'ascension de l'âme du défunt vers son père Rê. Cet immense complexe funéraire était entouré d'une vaste enceinte rythmée de niches. Cette muraille d'une dizaine de mètres de haut s'étendait sur plus de deux kilomètres ; quatorze fausses portes semblaient en indiquer l'entrée, mais une seule l'autorisait à l'est, très près de l'angle sud. Comme toutes les pyramides primitives datant de la IIIe dynastie, celle de Djéser a sa chambre funéraire au-dessus du niveau du sol, en bas

CI-DESSOUS :
PYRAMIDE DE
DJÉSER À
SAQQARA.

d'un puits vertical de sept mètres de côté et vingt-huit mètres de profondeur. Le plafond du caveau était obturé par un bouchon de trois tonnes, qui fut cependant forcé par des pilleurs de sépultures.

Il existe une autre pyramide à degrés dans le site de Saqqara ; conçu pour être très grand, ce tombeau de Sékhemkhet, fils et successeur de Djéser, est resté inachevé ; elle ne mesure que sept mètres de hauteur pour une base de cent vingt mètres de côté. Elle était également entourée d'une vaste enceinte à niches. Le sarcophage, retrouvé à l'intérieur de la chambre funéraire, était vide. Une autre pyramide à degrés, la pyramide de Khaba à Zaouyet el-Aryan, prévue beaucoup plus petite, est attribuée au roi Sanakht Djéser II de la IIIe dynastie. Dans ces deux derniers édifices, le caveau n'était pas atteint par un puits vertical central, mais par une rampe partant du temple funéraire devant la pyramide et descendant sous son axe.

En fait, nous ne connaissons que huit pyramides qui puissent se rattacher au type primitif "en degrés". La pyramide de Meïdoum, consacrée à Houni ou Snéfrou, fut d'abord conçue comme une pyramide à degrés de 93,50 mètres de haut ; elle fut ensuite transformée en pyramide à pans lisses. Dès lors la rampe menant au caveau partait de l'un des flancs du bâtiment et descendait jusqu'au centre pour remonter légèrement jusqu'au niveau du sol. Le système fut à peu près identique pour la pyramide de Snéfrou à Dahshour. Haute de 128,50 mètres, cette pyramide, dite rhomboïdale, fut conçue dès le départ à pans lisses et à double pente. Le même pharaon Snéfrou se fit également bâtir une autre tombe à Dahshour ; haute de 104 mètres, elle fut baptisée "pyramide rouge".

PAGE DE GAUCHE:
PYRAMIDE DE MEÏDOUM CONSTRUITE SOUS SNÉFROU.

CI-DESSOUS:
PYRAMIDE À DOUBLE PENTE DE DAHSHOUR.

LES PYRAMIDES CLASSIQUES

Les pyramides les plus monumentales sont celles de Giza. Elles furent dédiées aux pharaons de la quatrième dynastie, Chéops, Chéphren, Mykérinos.

La pyramide de Chéops

Des sept merveilles du monde antique, la pyramide de Chéops, pharaon de la quatrième dynastie, est la seule à avoir survécu. Elle a de tout temps fasciné les voyageurs par ses dimensions extraordinaires, la perfection de ses lignes et la rigueur de sa construction ; l'épaisseur des joints reliant ces énormes blocs étant en moyenne d'un demi-millimètre. Couverte à l'origine d'un revêtement de calcaire blanc et lisse, elle arborait en son sommet un pyramidion d'or fin, reflétant la lumière infinie de Rê. Elle s'élevait à l'origine à 146,60 mètres et avait une base de 230,35 mètres ; aujourd'hui, elle n'a plus que 137 mètres de hauteur. Selon Hérodote qui la visita vers 450 av.J.-C., sa construction nécessita cent mille ouvriers qui travaillèrent pendant trente ans ; ils durent assujettir cent mille blocs par an, pesant chacun deux tonnes et demie ; au total, deux millions et demi de blocs de calcaire taillés de plus d'un mètre cube. Le couloir d'entrée incliné sur la face nord fut construit, dès le départ du projet, à une hauteur de dix-huit mètres, mais la chambre funéraire connut au moins trois projets. Le premier plaçait la chambre au bout du couloir d'entrée, à trente mètres sous le niveau de la base. La seconde chambre, dite improprement "chambre de la Reine" fut également abandonnée. La troisième, la "chambre du Roi", fut construite au cœur de la pyramide et on y accédait par la Grande Galerie, véritable chef-d'œuvre de l'architecture pharaonique, galerie longue de quarante-six mètres et haute de plus de huit mètres. Une antichambre, constituée d'un énorme alignement d'énormes herses de granit coulissant verticalement pour interdire tout accès après l'inhumation, protégeait la "chambre du Roi". A sa découverte, la chambre

PAGES SUIVANTES:
LES PYRAMIDES
DE GIZA.

CI-CONTRE:
EN 1818,
L'ÉGYPTOLOGUE
BELZONI DÉCOUVRE
QUE LA PYRAMIDE
DE CHÉPHREN A
DÉJÀ ÉTÉ
PROFANÉE.

CI-DESSOUS:
LE SPHINX DE GIZA
ET LA PYRAMIDE DE
CHÉPHREN.

ne contenait pourtant qu'un sarcophage vide. On découvrit à l'époque un système complexe de chambres de décharge, avec cinq espaces vides superposés, qui devait alléger la poussée de la masse de pierres sur la chambre funéraire ; on remarqua aussi deux prises d'air qui débouchaient à soixante-seize mètres du sol sur les faces nord et sud de la pyramide. Les pyramides étaient toujours entourées d'une enceinte contenant de grandes barques servant au culte. Le complexe funéraire de Chéops comportait cinq emplacements de barques ; l'une d'entre elles, mesurant quarante-huit mètres, fut retrouvée intacte. Le temple funéraire fut construit sur la face est du monument. Le site se caractérisait aussi par une profusion de mastabas ainsi que par la présence de trois petites pyramides dites des "reines".

*CI-DESSOUS:
BARQUE SOLAIRE DE CHÉOPS. MUSÉE DU CAIRE.*

CI-CONTRE:
STATUE EN DIORITE REPRÉSENTANT LE PHARAON CHÉPHREN PROTÉGÉ PAR HORUS. MUSÉE DU CAIRE.

La pyramide de Chéphren

Chéphren, un des fils de Chéops, fit ériger son ensemble funéraire à côté de celui de son père. Sa pyramide est un peu moins massive, mais paraît plus imposante car elle se situe sur un point plus élevé du plateau de Giza. Sa hauteur actuelle est de 136 mètres sur 210 mètres de côté ; elle possède encore une partie du parement extérieur qui chapeautait son sommet. Elle comportait deux descenderies et deux chambres funéraires ; dans une des chambres, on a retrouvé un sarcophage brisé, mais sans momie. Son temple funéraire, compliqué, se composait de deux parties, un temple de la Vallée et le temple funéraire lui-même. Dans l'enceinte de Chéphren se trouve également le temple du Sphinx, qui mesure 73 mètres de longueur sur 20 mètres de hauteur. Il fut élevé au pied d'un éperon calcaire sculpté en forme de gigantesque lion dont le visage a les traits de Chéphren divinisé.

La pyramide de Mykérinos

Cette pyramide a des dimensions plus réduites : 65,50 mètres de hauteur pour une base de 105 mètres de côté. Elle comportait aussi deux descenderies. Le très beau sarcophage de basalte fut malheureusement perdu en mer lors de son transport en Grande-Bretagne en 1837. Le temple funéraire, en granit et en briques crues, est bien conservé. Trois petites pyramides, probablement de reines, sont alignées parallèlement à celle du roi.

Les autres pyramides de Saqqara

La nécropole de Saqqara compte plus de quinze pyramides, dont les plus importantes sont celles d'Ouserkaf et d'Ounas, pharaons de la Ve dynastie, et celle de Téti, pharaon de la VIe dynastie. La plupart des autres sont détruites et n'apparaissent plus que comme des collines artificielles.

CI-DESSOUS : UNE DES PYRAMIDES DE SAQQARA.

LES HYPOGÉES

Au Nouvel Empire, les tombeaux furent construits dans la montagne, à flanc de falaise, en face de la ville de Thèbes. Les rois voulaient ainsi protéger leurs caveaux dans la roche de la vallée sauvage et difficile d'accès. Leur entrée fut dissimulée pour les protéger des voleurs : ce furent les hypogées. La Vallée des Rois et la Vallée des Reines contiennent ainsi de très nombreuses tombes ensablées au cours des siècles. certaines d'entre elles réussirent à échapper aux voleurs ; ce fut le cas pour celle de Toutânkhamon qui fut découverte intacte par Howard Carter en 1922.

La Vallée des Rois contient plus de soixante tombeaux, mais toutes ne sont pas des tombes royales. Malgré toutes les précautions prises, les tombes commencèrent à être violées dès la XXe dynastie et les prêtres durent transférer un certain nombre de dépouilles royales dans des cachettes comme celle

CI-DESSOUS :
LA VALLÉE DES ROIS.

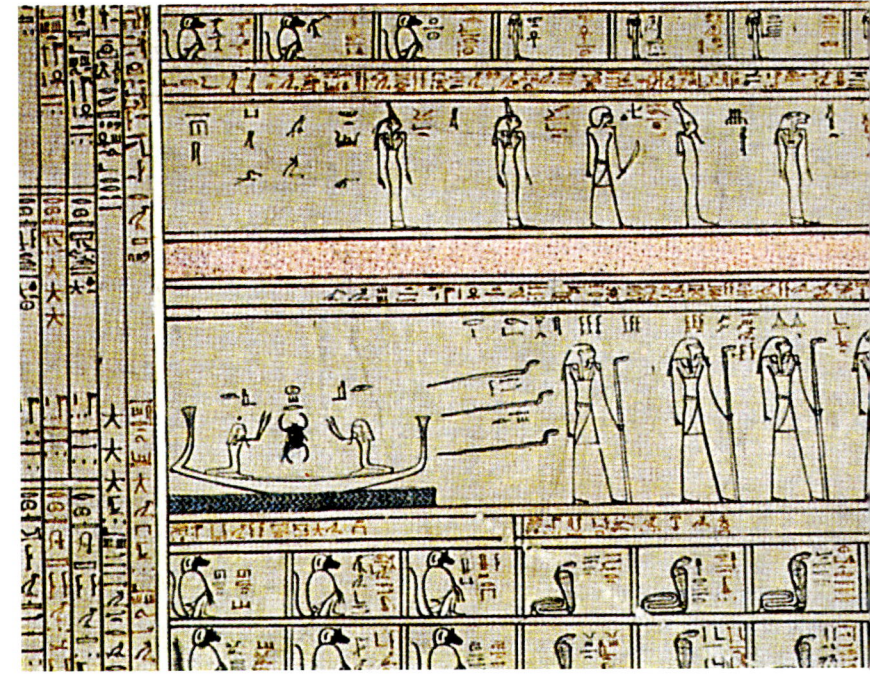

de Deir el-Bahari. Le plan des hypogées présente de notables complications. Généralement, il comprend une longue galerie souterraine, inclinée, avec une ou plusieurs salles, qui se termine par la chambre funéraire. La longueur de cette galerie pouvait être importante, par exemple 105 mètres pour celle d'Horemheb, 88 mètres pour celle de Siptah, 83 mètres pour celle de Ramsès VI. Le plan du tombeau de Thoutmosis III se complique par l'ajout d'un puits, destiné peut-être à égarer les voleurs. L'hypogée de Séthi Ier devient immense avec une longueur de 105 mètres et neuf chambres reliées par des corridors, entièrement sculptées de bas-reliefs et peintes.

CI-DESSUS ET CI-CONTRE: FRESQUES DE LA TOMBE D'AMÉNOPHIS II DANS LA VALLÉE DES ROIS.

En bref, la Vallée des Rois est principalement la nécropole des Ramsès, avec Ramsès Ier, le père de toute la lignée des Ramessides, son fils, Séthi Ier, puis Ramsès II, III, IV, VI, VII et IX.

La Vallée des Reines est située à l'extrême sud de la nécropole thébaine, à quelque quinze cents mètres de la Vallée des Rois. Elle contient environ deux cents tombes, très endommagées. Les deux plus beaux hypogées sont ceux d'Amon-her-Khepchef, un jeune fils de Ramsès III, et celui de Néfertari, l'épouse préférée de Ramsès II. Les peintures de cette dernière tombe sont d'une grande finesse d'exécution.

Dans la Vallée des Nobles, les tombes sont beaucoup plus simples et présentent toutes le même aspect. Elles sont précédées d'une terrasse à ciel ouvert à laquelle fait suite un vestibule dont les parois peintes décrivent les fonctions du défunt lorsqu'il était en vie. Ce dernier est quelquefois accompagné de son épouse ou de parents.

PAGE DE GAUCHE:
LA REINE NÉFERTARI JOUANT AU JEU DE SENET, SYMBOLE DU VOYAGE DANS L'AU-DELÀ. TOMBE DE NÉFERTARI DANS LA VALLÉE DES REINES.

CI-DESSUS:
TEMPLE FUNÉRAIRE DE LA REINE HATSHEPSOUT À DEIR EL-BAHARI.

Certes, au cours des siècles, les croyances au sujet de la mort évoluèrent, mais peu disparurent. Au cours des différentes conceptions, les objets utilisés dans les sépultures ne furent pas toujours les mêmes, mais tous eurent une finalité commune : l'espoir immuable de la renaissance et la continuation de la vie après la mort.

CI-CONTRE:
DAME DE LA XVIIIe DYNASTIE. TOMBE DE NAKHT DANS LA VALLÉE DES NOBLES.

PAGE SUIVANTE:
DÉTAIL DES TEXTES SACRÉS SUR LES PAROIS DU TOMBEAU DE RAMSÈS IX DANS LA VALLÉE DES ROIS.

TABLE DES MATIÈRES

L'ÉGYPTE, TERRE DES DIEUX — 5

LES DIEUX DES MORTS — 17

LES RITES FUNÉRAIRES — 43

UN CORPS, UNE ÂME ET UN DOUBLE — 49
LA MOMIFICATION — 53
LA MISE EN BIÈRE — 72
LA PROCESSION FUNÉRAIRE — 78
LES FUNÉRAILLES — 83

LE LIVRE DES MORTS — 95

LES ÉPREUVES DANS L'AU-DELÀ — 106
LA PESÉE DE L'ÂME — 110

LES DEMEURES D'ÉTERNITÉ — 119

LA VIE DANS LA MORT — 121
LES MASTABAS — 124
LES PYRAMIDES À DEGRÉS — 127
LES PYRAMIDES CLASSIQUES — 130
    La pyramide de Chéops — 130
    La pyramide de Chéphren — 135
    La pyramide de Mykérinos — 136
    Les autres pyramides de Saqqara — 136
LES HYPOGÉES — 137

Compogravure : Minerve Compogravure - Châtel-Censoir.
Impression, brochage : P.P.O. - Pantin.